Maria

Een bewogen leven

Luk Bouckaert

Yunus Publishing

INHOUD

Opgedragen aan de vele
vrouwen en kinderen
die door geweldenaars
van allerlei soort en stand
verkracht en misbruikt
zijn tijdens hun leven.

Aquarel, Miriam Bouckaert

Ouverture

Als vissen geboren
Uit verlangen en pijn
Zwemmen mensen verloren
In de schoot van het zijn

Kiempjes hoop - zaad in zand
In lege hoofden neer geplant
Wachtend op de nieuwe tijd
Dat Aarde ons zij toegewijd

Vergeef wat door ons is verzuimd
Blaas aan wat geest en hart verruimt
In onze mond Magnificat, het lied
Van opstanding uit oud verdriet

Vrouw, baar ons vrij en vroom
Tot dragers van de scheppingsdroom
Bekeer ons aardverkrachters
Tot van de nieuwe tijd de wachters

Een woord vooraf
Br. Benoît Standaert osb

De Maria numquam satis. (Over Maria, nooit genoeg.) Zo luidt een gekende spreuk die overgeleverd werd op naam van Sint-Bernardus van Clairvaux. Tot op vandaag verschijnen er in alle talen boeken en uitzendingen, ook podcasts en gedichtenbundels over Maria, al dan niet samen beschouwd met Jozef, en het Kind Jezus. Toch zal deze nieuwste publicatie over haar, door de filosoof en dichter Luk Bouckaert, erin slagen om op te vallen en te verrassen. Het is niet uit te sluiten dat zo'n geschrift wellicht meerderen tegelijk tegen de borst zal stoten en tot tranen toe ontroeren. Het wonderlijke is wel dat één en dezelfde schrijver in staat is bij zijn lezers deze twee reacties samen uit te lokken. Hoe diep ontroeren en tegelijk een schok bewerken die met ergernis gepaard kan gaan? Meer nog: men heeft hier geenszins te maken met een vorm van iconoclasme tegenover de traditionele voorstelling van Maria, Maagd en Moeder. De wil om dingen per se tegen te spreken of een aparte, nieuwe beeldenstorm door te voeren is helemaal afwezig bij deze denker en dichter. Hier spreekt een oprechte devoot van Maria. En hij is het, zo getuigt hij, van kindsbeen af.

Het beeld dat we hebben van Maria is gevormd door eeuwen vroomheid, met grote verschillen volgens de culturen waarin we zijn opgegroeid. We beschikken samen over een *memoria*

Mariae, een geheugenbeeld dat vele oningevulde facetten van de eerste biografie, opgetekend in de vier evangelies, op een zinnige en vaak ook fantastische manier kleurt en bijwerkt. We kunnen niet leven zonder zo'n verrijkt beeld en dat geldt voor ongeveer iedereen in het Nieuwe Testament: voor Jezus en Jozef, voor Jakobus 'de broeder van de Heer', voor Paulus en Petrus en de verhoudingen onderling. Het hoort echter tot de generaties van onze moderne en postmoderne tijd om dat overgeleverde 'beeld' van Maria tot op zekere hoogte ook kritisch in vraag te durven stellen. We zijn trouwens al eeuwen bewust dat er onder christenen grote verschillen zijn tussen katholieke, protestantse of orthodoxe Mariabeelden. Het blijkt oecumenisch een haast onmogelijke zaak ze met elkaar te verzoenen. Hoogstens kunnen we proberen samen te komen tot een bescheiden Mariabeeld vanuit de vier evangelies en de rest van het NT. De Vlaamse karmeliet in Zweden, Wilfried Stinissen (+2013), schreef een aparte Maria-studie om de lutheraanse traditie in het verre Noorden vanuit bijbelse achtergronden te verzoenen met de katholieke voorstelling van de moeder van Jezus. Zie zijn *Maria in de bijbel, in ons leven.* (Carmelitana 1983.) De heilige John Henry Newman publiceerde in de negentiende eeuw een prachtige studie van de hymnische literatuur over Maria. Hij noteerde de grote verschillen tussen de soberheid van de Romeinse-Latijnse lyriek, en de byzantijnse en oosterse uitbundigheid bij het loven van de Moeder Gods. We beseffen dankzij zo'n vergelijking dat Efeze Rome niet is, en we kunnen dit doortrekken naar het Noorden: als het gaat over Maria staat het katholieke Italië ver af van de streng Calvinistische traditie in Schotland bijvoorbeeld... Zo leren we inzien dat we over de eeuwen staan voor meerdere beelden die aan de ene historische persoon van Maria vorm geven. Als onze cultuur verandert, is het verwonderlijk dat ook de beeldvorming van grote helden zich wijzigt?

Deze publicatie deelt in zo'n culturele kentering. Het kostbare ervan ligt vooral in de wijze van benaderen: bescheiden, met de nodige kritische gereserveerdheid van een goede filosoof die methodisch best weet hoe echte historiografie onzeker blijft en vooral nederig moet zijn. In zijn inleiding en zijn essay gaat de auteur daarom te rade bij de exegeet Daniel Marguerat en zijn biografie van Jezus: *Vie et destin de Jésus de Nazareth.* (Seuil, 2019.) Marguerat is zonder twijfel één van de meest grondige kenners van het Nieuwe Testament. Op zijn beurt raadpleegde hij tijdens het onderzoek voor zijn boek verschillende exegetische auteurs, vrouwen zowel als mannen, die min of meer onafhankelijk van elkaar hetzelfde uitgangspunt nemen om de psychologie van Jezus in al zijn relaties te beschrijven. Dat betekent dat de basis van de enigszins ongewone beschouwing over Maria geen vluchtige noch oppervlakkige hypothese vormt van een bizarre enkeling. We staan hier niet voor een bevlieging maar de hele uiteenzetting berust op een bijbels, historisch-kritisch verantwoord uitgangspunt.

Maria is een ware moeder geweest die veel geleden heeft in haar moederschap. En dat lijden heeft ze moedig gedragen zonder te verharden in bitterheid. Het grootste geduld en de fijnste vormen van tederheid zijn in de mens het meest goddelijke en in God het meest menselijke. En beiden zijn aanwezig in het hart van Maria. Wie dit contempleert, zoals de dichter dit hier sober en krachtig in versvorm onder woorden weet te brengen, ontdekt een geestelijke ruimte die helemaal niet indruist tegen het traditionele verheven beeld van Maria maar deze misschien wel verrijkt, precies door haar hoge menselijkheid. Meer nog het Godsbeeld dat de auteur onder woorden brengt in het biddende hart van Maria, is een door en door Bijbelse visie van God als iemand die het leed peilt en wat anderen verstoten, ter harte neemt als door Hem uitverkoren. De traditie leerde ons bovendien om wijselijk geen grove wedijver in te lassen tussen 'God' en 'mens'. Dit boek deelt volkomen in deze wijze traditie en waagt het dan toch in alle nederigheid een spoor te openen op iets nieuws dat bij het zeer oude weer aansluiting vindt. We mogen hopen dat op deze wijze ook oecumenisch en zeker naar de seculiere mentaliteit van onze tijd een brug geslagen wordt die zinvol is, vol respect en voor niet weinigen vermoedelijk ook openbarend.

Inleiding

Als jonge knaap werd ik in Lourdes in de grot van de verschijningen toegewijd aan de Moedermaagd. Wat voor velen niet meer was dan een routineus bedevaartritueel, had mij diep geraakt. Sindsdien is mij altijd, meer onbewust dan bewust, het gevoel bijgebleven dat ik beschermd ben door een moederblik en een moederhand. Later vond ik het bijzonder dat in mijn drievoudige doopnaam Luc-Joseph-Maria een vrouwelijke naam voorkwam en dan nog wel die van Maria. In feite gaf men toen bij de geboorte de boreling vaak de naam mee van zijn peter en meter. Ik verbind dat vandaag met het inzicht dat ik als man ook een 'vrouwelijke kant' heb net zoals een vrouw ook een 'mannelijke kant' heeft. Hoe dan ook, er zat door opvoeding en afkomst heel wat Mariaal erfgoed in mijn culturele genen.

In 2018 verscheen postuum het boek van mijn overleden echtgenote Rita Ghesquiere *Duizend Namen: het beeld van Maria in de Europese Literatuur.* Ze kreeg de publieksprijs voor het religieuze boek van dat jaar. Rita was geboeid door het feit dat zoveel grote schrijvers gedichten en romans schreven over Maria. Tot en met Baudelaire, niet bepaald een katholiek auteur. Mij intrigeert vooral het beeld van Maria in het evangelie zelf. Klopt het beeld van de vrome en onderdanige vrouw die door de

Heilige Geest 'overschaduwd' werd en Jezus ter wereld bracht met wat we tussen de regels door in datzelfde evangelie lezen?

Het beeld dat de protestantse theoloog en bijbelexegeet Daniel Marguerat in *Vie et Destin de Jésus* (2019) ons vandaag schetst van Maria's buitenechtelijke zwangerschap staat dwars op onze vrome katholieke voorstelling. Hij knoopt terug aan met het oude verhaal dat in anti-christelijke milieus te horen viel en waar de kerkvader Origines in *Contra Celsum* (geschreven in 248) naar verwijst, met name dat Maria verkracht werd door een Romeinse soldaat genaamd Panthera. Ik vermoed dat dit voor sommige gelovigen ontluisterend en choquerend klinkt maar Margeurat toont aan dat zelfs in de kerkelijk erkende evangelies verrassende sporen van dat verhaal aanwezig zijn.

In het openingsgedicht *Angelus* volg ik de interpretatie van Marguerat die besluit dat vanuit een strikt exegetische lectuur van het evangelie Jezus vermoedelijk een *mamzer* is, een bastaardkind dat dankzij zijn adoptie als 'zoon van Jozef' toch de Davidische afstammingslijn kan doortrekken. Hoewel sommigen dit als speculatief verzinsel afwijzen, kan men niet ontkennen dat deze hypothese heel wat losse eindjes in de evangelie teksten begrijpelijk maakt. (In het essay op het einde van deze dichtbundel ga ik daar dieper op in.) Dit bewijst echter nog niet dat deze hypothese een historisch correcte weergave van de feiten is. Daarvoor is er mijns inziens te schaars bronnenmateriaal voor handen en doen ook andere interpretaties en Maria-verhalen de ronde. De Nederlandse filosoof Charles Vergeer, bijvoorbeeld, komt op basis van een zeer gedetailleerde maar boeiende filologische analyse in zijn boek *Het Panterjong: Leven en lijden van Jezus de Nazarener* (2000) tot de conclusie dat Jozef de biologische vader is van Jezus. De bijnaam Panthera, de Panter, werd immers niet alleen vaak toegekend aan Romeinse soldaten maar ook aan afstammelingen van David. Jezus was langs zijn vader een telg uit Davids geslacht waarin verschillende malen de bijnaam Panthera opduikt. En in het joodse verzamelwerk *Toledot Yeshu* is er sprake van Jezus, *zoon van Jozef Panthera*. De reden waarom ik toch bij voorkeur Margeurat's hypothese volg is omdat ze naast exegetische argumenten een bijzonder scherp licht werpt op de wijze waarop God altijd op verrassende wijze zijn heil realiseert in en door verstoten mensen. Zelfs als Marguerat's hypothese feitelijk onwaar is, dan nog laat ze op een confronterende wijze de betekenis oplichten van Gods reddende aanwezigheid onder ons.

"Elke levensbeschrijving, hoe goed gedocumenteerd ook, is onvermijdelijk fictie," schrijft Andrès Barba in het voorwoord van zijn biografie over Guastavino, "want een biograaf kent een mensenleven een vorm en betekenis toe die het in (de feitelijke) werkelijkheid niet heeft."[1] Net zoals een historische roman *fictie* is maar ons niettemin helpt om de betekenis van complexe gebeurtenissen beter te vatten, zo beschouw ik de verhalen rond Maria's zwangerschap en Jezus' geboorte - de zogenaamde kindheidsevangelies - als *historische fictie* die ons dieper laat doordringen in het mysterie van Gods solidariteit met de vernederde en misbruikte mens. De verhalen over de tragiek van Maria's zwangerschap en Jezus' geboorte lopen parallel met de verhalen over het tragisch einde van Jezus' leven en zending als Messias. Telkens schept God nieuw leven uit deze *malheur*. Zelden volgt God de menselijke logica. Meestal redt Hij ons totaal anders dan we verwachten. Welke verhalen men ook rond Maria's onbekende en bewogen leven weeft, dat God haar en ons redt is de gelovige essentie ervan.

De onmiddellijke aanleiding voor dit boek was het verzoek van mijn vriend Marc Eneman om voor de gebedspraktijk in de kapel van OLV van Steenbergen in Oud Heverlee de klassieke litanie van Onze Lieve Vrouw te hertalen naar een hedendaagse vorm. Gefascineerd door de vele poëtische namen die de traditie aan Maria toekent, is deze oefening uit de hand gelopen en een dichtbundel geworden met als sluitstuk de gevraagde litanie. Om voor mezelf en de lezer mijn beeld van Maria op zijn coherentie en geloofwaardigheid te toetsen heb ik er het essay aan toegevoegd *'Het meisje dat Maria heette.'*

De dichtbundel bestaat uit twee delen. In het eerste deel *De Gebeurtenissen* komt Maria zelf aan het woord. Ze verwoordt haar ervaring van de trauma's en de interventies van God in haar leven. Centraal staan daarbij de crisismomenten zoals de buitenechtelijke zwangerschap, de gewetensnood van Jozef, de vlucht naar Egypte, de vervreemding tussen haar en Jezus (en tussen Jezus en zijn broers), zijn vernederende doodstraf en de schijnbare mislukking van zijn messiaanse zending. Het tweede deel *De Mariaruimte* verandert van perspectief. De naam Mariaruimte is geïnspireerd door Benoît Standaert's boek over de *Jezusruimte*. In dit deel is niet langer Maria aan het woord maar de dichter zelf die zijn beleving van de verrezen Maria vertolkt. De Mariaruimte is meer dan een herinnering aan vroegere gebeurtenissen. Ze is de openheid in onze geest voor Maria's aanwezigheid vandaag. Uit de diversiteit van Mariale aanwezigheidservaringen is de Litanie van 'Duizend Namen' gegroeid.

In een prikkelende column *Waar zijn de verbindende verhalen over zwangerschap?* schreef de filosofe Tinneke Beeckman in *De Standaard*: "Goede verhalen drukken de ambivalentie van zwangerschap en moederschap uit. Ze geven de mooie maar ook de hartverscheurende momenten weer. (...) Zulke verhalen zijn schaars. In de christelijke wereld is er Maria, die haar zoon vol toewijding opvoedt, en, in een later stadium, volgt. Die reis was uitputtend en pijnlijk maar de goddelijke kracht maakt elke inspanning schijnbaar moeiteloos. Heiligheid creëert een afstand die onoverbrugbaar wordt (...) Het beeld van de zuivere, naar het woord van Thomas van Aquino, gelukzalige en waardige vrouw helpt vrouwen niet echt. Integendeel dat toonbeeld van de moeder vereenzaamt: wie tekort schiet heeft het aan zichzelf te wijten." (DS 22.12.2022)

Beeckman raakt een gevoelige snaar. Maar is de onbevlekte Maagd en Moeder Gods wel zo onkwetsbaar hoog verheven? In deze dichtbundel probeer ik mij in te leven in de hartverscheurende kant van Maria's moederschap. De weinige informatie over Maria's leven maakt het mogelijk om de lege plekken met dichterlijke verbeelding in te vullen. Aan de lezer om te oordelen of deze poëtische 'interpretaties' voldoende recht laten wedervaren aan de oorspronkelijke teksten en vooral aan de Bijbelse theologie dat God solidair is met de kleine mens.

Dit woord vooraf zou onvolledig zijn zonder de dankbare vermelding van de lezers aan wie ik dit manuscript vooraf liet lezen. Mia Leijssens, Myriam Vandeneynde en Marc Eneman hebben mij erg gesteund. Hun bedenkingen hebben de keuze en kwaliteit van de gedichten een lift gegeven. Dank ook aan Jonas Slaats die me als uitgever ondersteunde om alle verzen, teksten en beelden in een coherent geheel samen te brengen. Tot slot ben ik broeder Benoît Standaert bijzonder dankbaar voor zijn voorwoord. Door te bevestigen dat de huidige culturele kentering een nieuwe, doorleefde Mariabeleving nodig heeft, werd mijn vertrouwen gesterkt dat deze mariale poëzie geen vluchtige fantasiegril is. Niet dat mijn tekst nu volmaakt is maar hij is in ieder geval geschreven met hart en ziel en tot eer van Maria.

Luk Bouckaert
2 Februari 2023

DEEL 1
DE GEBEURTENISSEN

In Verwachting, Geroen De Bruycker

ANGELUS

1.
Bij 't vallen van de deemsterzon
Mij lavend aan een waterbron
Werd ik onverwacht gegrepen
Door een krijgsheer met veel strepen

Die avond is mijn eer verkracht
Mijn meisjesdroom gestolen
Naakt was ik en onverholen
Wie voortaan die mij nog acht?

God, waarom hebt Gij mij verlaten
Weerloos mij ten prooi gegeven
Aan macht en wellust van soldaten
Waar is uw Schild gebleven?

2.
Een Engel ontsloot mijn geest en zei:
Maria - God heeft naar jou gekeken
Niets is Hem te veel, te zwaar. Hij
Zal jouw bitter lot verbreken,

Vernederd ben je uitverkoren
In jou sticht Hij een nieuw verbond
Al ben je dieper dan jezelf verwond
Zijn Liefde zal jou eeuwig toebehoren

3.
Ik zweeg. Mijn geest was leeg
Hoe zullen mensen dit verstaan
Geen enkel man die nog voortaan
Met mij op weg zal willen gaan

Vrees niet. Hij is jouw Kracht
Zijn Naam is jou een veilig oord
Daarop sprak ik bescheiden zacht
Ik zal geloven in Zijn Woord

Laat gebeuren wat Hij zegt
Al kost het tranen en geween
Zijn Belofte houdt mij recht
Toen liet de Engel mij alleen

NIETS ANDERS DAN JOUW WOORD

Zwanger door ik weet niet wie
Geen man die dit aan mij bekent
Alleen Jij - de Onnoembare die
Mij tot troost een Engel zendt

Zijn woord klonk onbevreesd:
Wat jouw schoot reeds weet
Is beademd door Gods Geest
Tot zoon gedoopt in lief en leed.

Ik sprak: Ach Heer, Ik zwicht
Voor de belofte nu gehoord
Jij hebt mij heden opgericht
Tot vrouw die bij jou hoort

Gaan zal ik langs vreemde dalen
Niet wetend naar welk oord
Ach laat mij niet verdwalen
Niets anders heb ik dan jouw woord

GENOEG!

Moedeloos las ik de Schrift:
Het triest verhaal van Abraham
Bereid tot offer van zijn zoon
Isaak zijn levensdroom

Gaande de berg opwaarts
Het geslepen mes in de hand
Vader, waar is het offerlam?
Vroeg plots de jongen bang

God zorgt ervoor mijn kind
Wie Hem vertrouwt, die overwint
Zo sprak de vader wijl hij 't kind
Reeds op het offeraltaar bindt

Genoeg! Roept plots een Stem
In hem. Jahweh wil geen bloed
Alleen vertrouwen totterdood
De lange weg Hem tegemoet

In mij diezelfde klare Stem
Genoeg! Laat los jouw angst
En volg de weg van Abraham
Zing het oude lied van Miriam

DE BOODSCHAP AAN JOZEF

1.
Jozef overmand door diep verdriet
Door angst en zweet tot in zijn droom
Maria zwanger. Hoe is dit geschied?
Haar trouw was altijd gaaf en vroom

Wie heeft haar heimelijk verkracht?
Wiens zaad verwekt in haar het leven?
Heeft god haar zelf ten val gebracht?
Hoe kan mijn eer dit onheil overleven?

Zeg mij, wat zijn woorden waard,
Als liefde uitmondt in verraad
En scherper dan een puntig zwaard
Mijn ziel tot in haar wezen raakt?

2.
Een Engel sprak: Gedenk o bruidegom
Hoe Jacobs zoon door broers gehaat
Gedumpt in een ravijn voor dood en stom
Hun redder werd in woord en daad

De Onnoembare heeft jou gezien
Gemeten is jouw liefde en trouw
Omhels Maria, neem haar tot vrouw
Jouw eerstgeborene zal Jezus heten

3.
Sprakeloos. Zijn hoofd was leeg.
Zijn lichaam snakte naar wat rust
Pas als het morgenlicht opsteeg
Kwam langzaam weer de levenslust

Mij geschiede naar Gods wet
Zij zal mijn vrouw zijn, hij mijn zoon
Uit Davids stam, uit Juda's droom
Zijn naam zij: Jezus, God die redt

Hoe onwaarschijnlijk is Zijn woord
Teder de belofte van Zijn trouw
Regenboog die aan de hemel gloort
Toen zoende Jozef Maria tot zijn vrouw

Ach mijn allerliefste gade
Mijn trouwe bondgenoot
Zie mij ten einde rade
Beschaamd in grote nood

Hoe moet ik jou verklaren
dat uit vreemd gewonnen zaad
Jahweh zich een zoon wil baren
Door niemand ooit gevraagd

Verstoot mij niet die jou bemint
Een Engel heeft mij toevertrouwd
Dat God dit ongeboren wicht
In de palm van Zijn handen houdt

Waarom *wij*, ik weet het niet!
Waarheen? Niemand die het ziet!
Hoe ook mijn eigen lot mag keren,
Met jou wil ik Zijn Liefde eren

Maria Zwanger, geboetseerd door Miriam Bouckaert toen ze zeven was.

Maria groet Elisabeth

In een stad zonder naam
Op een berg zonder faam
Ontmoette ik Elisabeth

Gedeelde vreugde en verdriet
't Verhaal dat onverwacht
Aan ons beide was geschied

Leven stampvoetend
Dat in de schoot opveert
We lachten blij geamuseerd

Tot angst ons hart bekroop
Was het reeds de marteldood
Die rond hun tere lijfjes sloop?

MAGNIFICAT

Ja mijn geest raakt uit zichzelf
Mijn ziel wil altijd bij Hem zijn
Hoog straalt zijn hemelgewelf
Hij kijkt niet weg al ben ik klein

Geslachten lang zullen voortaan
Zingen luidop: De Heer is machtig
Hij blijft de Belofte indachtig,
Zijn volk zal niet ten onder gaan

Over mij daalt zijn zachte Kracht
Die 't hart van elke jood beroert
Die geweldenaars ontkracht
De mond van praatjesmakers snoert

Brood dat vers en eerlijk smaakt
Geeft Hij aan hongerige magen,
Voldaan door eigenwijs vermaak
Hebben rijken niets te vragen

Zoals aan Abraham beloofd
De kleinen maakt hij vrij en groot
Verlost hen van de slavendood
Eeuwig zij zijn Naam geloofd

Lied van de Hoop

Ik staarde in het vuur
Zag in vlammen het gezicht
Van hopeloze vrouwen
Hoe zij in stilte rouwen

Om 't kind dat zij nooit kregen:
Sarah met haar stiekem lach
Elisabeth oud en verlegen
Niemand die hun tranen zag

Maar jij opende hun schoot
Jij die redt, die ons omhult
Met kinderzegen ons vervult
Hoe prijst mijn ziel jou groot

Rahab, Tamar, Ruth en Betsabé
Vernederd, verkracht, prostituée
Uit hen is Davids stam verkoren
Een twijg van hoop geboren

Op jouw liefde zal ik wedden
Steeds opnieuw, bij elke morgendauw
Met Jou kan ik de wereld redden
Al heb ik niets tenzij jouw trouw

HEILIGE NACHT

In die heilige nacht
Gebeurde God aan mij
Uit het diepe donker
Kwam een Lichtstraal vrij

De gloed van een ster
Aan het hemelgewelf
Zo oneindig en ver
Zo nabij in mezelf

Een engel zong zijn naam
De belofte aan mij gedaan
In de sterren geschreven
Jezus, redder ons gegeven

Ik herinner mij

De holte in de rots
De warmte van de stal
De geur van schapen
De gastvrijheid vooral

Sterhelder was de nacht
Op de grond lag een vacht
Jozef ondersteunde zacht
Ik duwde met volle kracht

Vreugde was er en angst
Alles tolde in een dans
Maar onvergetelijk dan
Toen het hoofdje kwam

Mijn ogen zochten hem
Trillend lijfje zonder stem
Zo hulpeloos en broos
God aan een navelstreng

Zijn eerste mensenkreet
Was nauwelijks te horen
De schapen schopten keet
Zij wilden binnenkomen

In de kribbe met stro
Legde Jozef een wit kleed
Hij zoende zijn eerste zoon
En vergat zijn eigen leed

Exodus

Vluchtend op ezel en paard
Weg van het dodelijk geweld
Geen kind wordt gespaard
Geen mensenleven nog telt

Geen manna in de woestijn
Alleen hitte die schroeit in de wind
In mijn arm een hongerig kind
Dat mijn borst tot lafenis vindt

Met Jozef tors ik het oude leed
De exodus die geen jood vergeet
Terug naar het riet van de Nijl
Opgejaagd door ramp en onheil

Gods wegen blijven mijn Wet
Zijn Geest is een hand die redt
Ja ooit zal keren onze tred
Omhelzen zullen we Nazareth

De twaalfjarige

Met Pasen in Jeruzalem
Zou hij zijn bar mitsvah vieren
Het einde van de jongensstem
Nieuw geluid in hart en nieren

De jonge man voelt in zijn lijf
De drang naar eigen streven
Maar weet wat in het hart beklijft
Door de Geest moet zijn gegeven

Zijn vraag is scherp en doelgericht
Aan de geleerden van de schrift:
Waarom traditie, wet en plicht
De mens verstikt door zijn gewicht?

Hoelang nog voor we zijn bevrijd
Wanneer komt Gods beloofde tijd?
Ontdaan liep Jozef heen en weer
Waar is ons kind nog van weleer?

Toen sprak mijn zoon het harde woord
Dat hij niet langer aan ons toebehoort
Zwijgend verlieten wij Jeruzalem
Ons hart vol diepe zorg om hem

NAZARETH

Het huis in Nazareth werd klein
Ons kinderrijk gezin te groot
Jezus als oudste was het brein
Nam graag de kleinsten op zijn schoot

Leergierig erfde hij van Jozef
De vaardigheid van timmerman
Maar ook het diepe plichtsbesef
En de eerbied voor Gods plan

Vaak door medebroers geplaagd
'Jij vrome dromer met de ijle blik'
Voorvoelde ik het ogenblik
Dat hij door onrust opgejaagd

Opnieuw zijn eigen weg zou gaan
Doorheen woestijn tot in Jerusalem
Waar scherp van tong en stem
Gods woord zou komen over hem

DE EERSTE KRUISIGING

Zijn eerste kruisiging zopas
Vlakbij ons huis in Nazareth
Toen in de synagoge naar de wet
Hij voor het volk de boekrol las

Jesaja's lied - dienaar die lijdt,
Was hem geschreven op het lijf
De Geest kwam langzaam over hem
Zijn mond sprak Jahweh's stem

Ze morden, verklaarden hem voor gek
Waarom hij niemand onder hen genas?
Waar bleef het wonder van de Messias?
Bastaardzoon, ga weg, vertrek

Val dood van deze hoge rots!
Hun woede had geen grenzen meer
Ik duizelde, mijn hart verkrampte zeer
Maar Jahweh brak hun blinde trots

Jezus ging zwijgend tussen allen door
En zag hoe kwaad in ons ontspoort
Dat liefde ons niet van haat vrijwaart
Ja ons met littekens bezwaart

Wie is mijn vader, moeder, broer?
Riep hij te midden deze volksoproer
Enkel wie Gods wil in deemoed eert
Is mijn Woord voortaan nog weerd

Ik loof jou, eeuwig en aanwezig
Vadermoeder met mij bezig
Jouw Liefde strekt mij tot genezing
Bron in alle leven diep in-wezig

Ik zoek jou in het bedauwde gras
Omdat ik dacht dat jij daar even was
Dat windstil woordeloos gefluister
Leven dat naar leven luistert

Soms ben je Jozef - mijn lieve bruidegom
Die mij zoent zonder waarom
Soms ook die vreemde, bange ogen
Die niets vragen, tenzij wat mededogen

Wanneer ik dagenlang alleen
Schraal ben, eenzaam vol geween
Dan roep ik: Hart van Steen
Kijk jij voorbij mijn tranen heen?

U zij geloofd in vreugde en verdriet
In alles wat aan mij geschiedt
Maar ooit, ooit wil ik jou zelve zien
Lief-wezige, jij oorsprong van mijn ziel

KANA

Het deed mij deugd
Mijn zoon verheugd
Te zien, dansend in de rij
Rond het gehuwde paar
De vrijheid in zijn lied
Levenslust in elk gebaar

Niettemin zag ik verdriet
De wijn was opgeraakt
Dan maar het feest gestaakt?
De gastheer en zijn vrouw
Geraakten in het nauw
Hun ogen stonden grauw.

Jezus ontweek mijn blik
Wat is er tussen u en mij?
Jij bepaalt niet wat ik
Doe en evenmin het hoe.
Ik sprak een dienaar aan
Doe wat hij zegt voortaan

Opnieuw is wijn gevloeid
Men zegt dat kruiken water
Naar wijn gingen smaken
Een teken ons gegeven
Hoe wondervol het leven
Schreeuw het van de daken!

Met pijn van duizend nagels
Vastgeklonken aan mijn zoon
Aan zijn lijden zonder maat
Aan het ongeremde kwaad
Dat spijkerdiepe wonden slaat

Ecce homo, ziedaar mijn zoon
Zie Gods weerloosheid in hem
Lijdend voorwerp zonder stem
Eindeloos geduld dat smacht
Mijn God, is alles nu volbracht?

Aan het einde komt geen eind
Tot een lans in 't hart geboord
Zijn allerlaatste snikken smoort
Nog keek hij op, zei zonder toon
Johannes zij voortaan jouw zoon!

Ach nee, *jij* blijft mijn lieve zoon
Jouw dood zal ook de mijne zijn
Ik wens dat God mij sterven liet
Dat mij zoals aan jou geschiedt
Er stilte zij na al dit aards verdriet

DE HONDERDMAN

Door de aarde ging een schok
Blinde duisternis viel
Op ons neer. Ik schrok
en beefde, zoals weleer

door goddeloze macht
tot in mijn ziel verkracht
Stemloos riep ik tot jou
God waar blijft jouw trouw?

Ik duizelde. Hoorde vage kreten
Riep een veldheer met veel strepen
Ziedaar een mens, zoon van God
Wee ons, hij verdient een ander lot

Kille angst sprak uit zijn ogen
Was het een schreeuw om mededogen?
Ik zweeg. Kan ik hem vergeven?
Kan een Romein zich ooit bekeren?

Rondom het graf

Zijn dode lichaam wit bekleed
Hebben wij met droeve handen
in een rots gelegd. Ik bad

Dat het onrecht aangedaan
En het verraad van al de zijnen
In de aardkorst zou verdwijnen

Verloren stond ik daar
Rondom zijn graf - het licht veraf
Mijn tranen ongewist

Vervlogen hoop en troost
Een dorre akker na de oogst
Leegte die nabijheid mist

Mij geschiede naar uw woord
Prevelde mijn gesloten mond
't Voelde zout in open wond

Bij het vallend avondlicht
Werd de holte afgedicht
Verzegeld met een steen

We gingen zwijgend heen
Het was voorbij. De sabbat
Werd in kille stilte aangevat

1.
Later hebben vrouwen mij verteld:
Het graf is leeg. Vroegen zij ontsteld
Een tuinman of hij Jezus had gezien.

Menig verhaal deed toen de ronde
Thomas die met aarzelend gebaar
Zijn vinger legt in Jezus' wonden

Alles heb ik in mijn hart bewaard
Ik zweeg, luisterde en fluisterde
Prijs de Heer om wat Hij openbaart

2.
Op een nacht verscheen in een droom
Ook aan mij de verrezen zoon
'Mijn graf is leeg. Zoek mij

Niet langer in dat kille oord
Vertrouw mij op mijn woord
Liefde leeft voorbij de dood'

Hij zoende mij en sprak zo ongewoon
'Ik heb je lief. Ik blijf jouw zoon'
Ik weende zacht, sprak stil

Mij geschiede naar jouw wil!

H IER STA IK DAN

1.
Ofschoon geroemd als moeder Gods
Geboren ben ik uit de Aarde
Door haar tot vrouw gevormd
Mijn schoot die Jezus baarde

Getrouwd ben ik met Jozef,
mijn lief, door hem verkoren
Tot twijg aan Davids stam, tot huis
waarin Gods dromen wonen

Jezus mij zo nabij - toch vreemd gebleven
In Nazareth vervloekt tot bastaardzoon
Beroofd van waardigheid en leven
Stierf op een kruis, als crimineel gehoond

2.
Dagenlang heb ik om hem geweend
In eigen huis verloren en ontheemd
Zijn lijden brandde door mij heen
Tot mij een engel Gods verscheen:

Maria voortaan zal Jij omarmen
Wat gebroken is, wat schreit en lijdt
De Onnoembare heeft jou gewijd
Tot regenboog van Zijn erbarmen

Hier sta ik dan. Met open handen
In zijn trouw heb ik steeds geloofd
Al is het vuur soms uitgedoofd
De olielamp in huis blijft branden

Hemelvaart

1.
Mijn dagen zijn geteld
Alles heb ik volbracht
Van dageraad tot nacht
Zijn Woord in mij omhelsd

Nu d' avond valt voel ik
De rust van Jezus' blik
Hoor de echo in zijn stem:
Ik ben die ben

Broeder van de kleinen
Goed en kwaad bijeen
Vaders zon mag schijnen
op het hoofd van iedereen

2.
Heer laat mij hoopvol sterven
Met Jozef mee ten hemel zwerven
Laat mijn man en bruidegom
Mij leiden naar jouw heiligdom

Ach ziel ontsluit de poort
Wat gebeurt, is ongehoord
De hemel straalt in mij
De Drie-ene komt dichtbij

Vader die leven schept en dood
Geest die ooit mijn hart ontsloot
Zoon vrucht van mijn schoot
Mag ik worden jullie disgenoot?

Deel 2

De Mariaruimte

Embracing the universe of creation, fragment van een sculptuur in brons,
Assissi, Andrea Jori

Duizend namen

Jou zing ik duizend namen
Met blijde en droeve tranen
Maria door het volk geliefkoosd
Maagd der Armen onze Troost

Die daar staat alleenzaam
Langs godvergeten velden
Glimlacht naar wie voorbijgaan
De kleinen en de helden

Twijgje hoop voor hopelozen
Havenpoort voor havelozen
Niemand die hen ziet of groet
Alleen Maria die hen ontmoet

Alma mater, vrouw van kennis
Van al wat wijs en nederig is
Ster en lichtspoor in de nacht
Dageraad die op ons wacht

Salve Regina, Koningin
Goddelijk mooie Roos
Avondrode Schemering
Omarm ons in het uur des doods

Liedje van Hoop

Zonder hoop - geen begin
Verdwijnt zij onverwacht
Voor niets meer is er zin
De ziel verliest haar kracht

Je zoekt en vindt haar niet
Noch in jezelf of eigen lied
Geen oerknal legt haar bloot
Waar ligt de bron van hoop?

God vond een moederschoot
Gastvrij tot hoop gewijd
Een barenswee, een nieuwe tijd
Leven sterker dan de dood

Stella Maris

Zee als vloeibaar land
Zachtjes koprollend
Over 't strand

Scheepje varen
Zwem ik op en neer
Op 't getij der baren

Tot zon en gloed
Als d'avond valt
In zee ten onder moet

Het water spiegelglad
De zee wordt dreigend diep
Nadat de zon de dag verliet

Rijzende Ster boven de zee
Vuurtoren als storm woedt
Toon de weg in tegenspoed

MARIA IS JOUW NAAM

Toen ik mijn moeder vroeg
Waarom drie namen
Is één dan niet genoeg
Of ben ik drie in één te samen?

Zij zei: een naam is levenssap
Uit wortels van 't verleden
Hij voedt in ons bij elke stap
de takken van het heden

Daarom zoon lief noem ik je *Luc*
Evangelist van vrede en geluk
Dan *Jozef*, trouw familieman
Dromer die Gods paden vinden kan

Maria, jouw derde naam graaft
diep in 't raadsel van je ziel.
Zij is de vrouw die in jou baart
De kracht die Jezus heeft bezield

De doopnaam van de auteur is Luc, Joseph, Maria

MIRIAM

Was het mijn eigenste verlangen
Of een engel namens de Geest
Ik mocht een woord ontvangen
Dat helder klonk en onbevreesd

Je zal een dochter krijgen
Haar naam zal Miriam heten
Hoe kon een engel dat wel weten?
Laat ons maar zien en zwijgen

Naar Lourdes zijn we gegaan
Onze dank in een kaars gebrand
Zie, de belofte ons gedaan
Staat geschreven in haar naam

~

Op 2 Maart 1980 werd Miriam als vierde kind en eerste dochter
in ons gezin geboren

Licht dat zich ontvouwt,
In zacht en wit gewaad
Onthult een jonge vrouw
Gastvrij is haar gelaat

'Graaf in de modder
zoek naar de bron'
waarop het meisje toen begon
Te krabben en te graven in de grond

Tot een zoekend beekje
Een scheutje troebel water
Langzaam opveert
En groeit tot blij geklater

Wie in de diepte graaft
Vindt levend Water
De Bron, De *Alma Mater*
Die met tederheid ons laaft

∼

Met het dialect woord 'Aquero' duidde Bernadet de vreemde verschijning aan. Zij wist niet dat dit Maria was. Zij verwees naar de verschijning als Aquero, wat betekent Cela ('Wat daar is'). De kerkelijke gezagdragers eisten dat ze zou vragen dat die jonge mooie vrouw haar naam zou bekend maken en op een papier neerschrijven.

Lourdes, met duizenden hetzelfde lied

LOURDES

In de diepe holte van een rots
Plotse windstoot van ter zijde
Verschijnt een licht - genade Gods
Maria - de gebenedijde

Glimlach door Bernadet gezien
Door anderen vermoed misschien
Haar hand wijst naar een bron
Water dat uit een rots ontsprong

Om te laven de niet te lessen dorst
Dat eeuwenoude mensverdriet
Op vele schouders meegetorst
Verborgen kruis dat niemand ziet

Zie de stroom van zingend licht
Zoveel kleine vlammen hoop
Met duizenden hetzelfde lied
Ave Maria. Jou is God geschied.

LIEVE VROUW VAN STEENBERGEN

Als een gebed uit vroeger tijd
Ingetogen en verborgen
Staat zij - Maria toegewijd
De boskapel van Steenbergen

Lichtplek in het Meerdaalwoud
Bij de Minnebron gelegen
Waar mens en dier, jong en oud
Zich laaft aan troost en zegen

Verhaal door het geloof geërfd
In beukenhout gekerfd
Mariabeeld in weer en wind
Dat angst en ziekte overwint

Ons geneest van hete koorts
Vuur dat in lijf en leden gloeit
En vandaag als vlammentoorts
Moeder aarde diep verschroeit

Wij die vluchtend en verweesd
Door verzengde dalen lopen
Zie ons aan - het is genoeg geweest
Richt ons op - laat ons weer hopen

Lieve Vrouwe van het woud
Morgenlicht en avondgloed
Zachte kracht ons toevertrouwd
Ave Maria, wees gegroet

In de zestiende eeuw lokte een houten Mariabeeldje aan de rand van het Meerdaalwoud (Oud-Heverlee) heel wat pelgrims die soelaas zochten voor de 'hete koorts' of de moeraskoorts. Later werd op die plaats de Kapel van Steenbergen gebouwd. De hete koorts van vroeger kan als metafoor dienen voor de hoge koorts van onze opgewarmde en door branden geplaagde planeet.

Onze Lieve Vrouw van de Ruischaard

Moeder van vertrouwen
Grond waarop we bouwen
De levenslust en het geruis
Van een gastvrij open huis

Dat wij in weer en wind
De weg van hoop gehoorzamen
En liefde in duizend namen
Onderrichten aan elk kind

Verwek in ons Gods zoon
Mens zonder macht of kroon
Bewaar ons in zijn woord
Dat geen wanhoop ons ontspoort

Ons huis kreeg de naam 'de ruischaard' omwille van een aantal populieren in de tuin, door Streuvels als ruischaards beschreven. In een nis staat een ingetogen Lieve Vrouw beeld van een Bretoens beeldhouwer.

Niet zonder vreugde is de treurnis
Die in wilgentakken hangt
Wuivend heen en weer
Verdriet dat zich ontspant

Geruis dat zingt Salve Regina
Moeder Gods Ave Maria
Gebed en trilling in de lucht
Gevoeld door vogels in hun vlucht

Helaas de oude wilg is weggekapt
Zijn vrolijk treurig lied geschrapt
Weg het wuiven en het wenen
Maar zijn ziel is niet verdwenen

Uit resten stam bloeit op een vrouw
Die onze rouw met lede ogen ziet
Haar mantel als beschutting biedt
Haar mededogen als een wilgenlied

Op het kerkhof van Schore (Middelkerke) werd een oude treurwilg geveld. Uit de stamrest kapte houtkunstenaar Philippe Louwye een Mariabeeld zonder ogen en met een wijde mantel.

Het licht dat binnenstraalt in de Nikolauskapelle.

De geboortedood

Eenzaam, uit één stuk
Staat zij in weer en wind
Ontdaan van alle schijn
De Nikolaus Kapelle

Wie inwaarts gaat
Komt in een moederschoot
Ervaart de stille nacht
van de geboortedood

Een straal van Licht
Valt uit de nok
genadevol
Zoekt mij, raakt mij

Roept mij bij naam:
wees mens, wees opgericht
ik ben jouw Licht!

~

In Wachendorf (Duitsland), te midden de velden staat de beroemde Nikolauskapelle, uiterlijk als een bunker, van binnen als een moederschoot.

Op leisteen geschilderd door Rita Ghesquiere (Cheneux 2012)

SAINTE MARIE DE CHENEUX

Op grijze leisteen neergezet
Blauwe ogen, gele haren
Was het Rita's zelfportret
Haar drang van jeugd en jaren

Maria als haar zielsverwant
Vriendin en moederhand
't Verlangen naar een kind
Dat de wereld nieuw verzint

Als ik jouw zegen vraag
Sainte Marie, dan weet ik niet
Of jij mijn bede schraagt
Dan wel of Rita mij beziet

Ik dacht: wat maakt het uit
In elke stem, in elk geluid
Zowel in troost als in verdriet
Zingt altijd een meerstemmig lied

Rita, mijn overleden echtgenote, schilderde in de pastorij van Cheneux op een leisteen een icoon van Maria met gele haren en blauwe ogen. 15 augustus 2012

LIEBE FRAUENKIRCHE

Pure Schoonheid op het plein
Huid van Hoop en Steen
Als een mantel om ons heen

Zwarte stenen ingevoegd
Littekens van vroeger dagen
Wonden die we dragen

Boven 't altaar grijs en rood
Ontluisterd en gekruisigd
De mens verbrijzeld totterdood

Ooit herstelt de droom
De regenboog van Leven
De zoen van het Sjaloom

We branden een kaars
Drinken een glas wijn
Dag *Liebe Fraue* op het plein

Dresden, 2012

EMMAÜS

Twee vrouwen te voet
Op weg naar Emmaüs
Vol tranen hun gemoed
Vermoord was rabbi Jezus

Stappend sprak de een:
Waar is zijn ziel nu heen?
Als een brandvuur was zijn woord
Hij sprak als nooit gehoord

Een vreemdeling in nood
Onderbrak, vroeg hen om brood
Zij openden hun hand
Gaven het resterend proviand

Merci en dankjewel, zei hij beleefd
God zij gezegend om wat je gaf!
Toen wisten zij: Hij leeft
Liefde sterft niet in een graf!

~

*Voor Annette en +Krista (op 26 januari 2022 overleden), beiden
zusters annuntiaten van Heverlee.*

In wolken een Vrouw

Haikugedicht

De wolken staan guur
Breken in vloedgolven uit
De regen smaakt zuur

Voorbij hun grenzen
Razen wind en storm en vuur
Mateloos de toorn

Hij stoot van hun troon
Aardverkrachters zonder schroom
Leegzuigend het land

In wolken een Vrouw
Door ster en maanlicht geschraagd
Die de aarde draagt

Komt er ooit weer hoop
Een regenboog die ons geneest
Van hoogmoed en vrees?

Vrouw gun ons de tijd
Zachtmoedigheid te leren
En bloemen eren

Toen kraaide de haan drie maal

De eerste maal kraaide hij
Omdat hij een haan was
Helder in de morgen
Het leven welgezind

De tweede maal kraaide hij
Om mensen te wekken
Sta op! Tijd om te werken
En de tafel te dekken

De derde keer kraaide hij
Met de dood in de keel
Waarom vernietig je
De aarde om mij heen?

WAT ZOU GEBEUREN

Als op een dag het land ontwaakt
Bedekt door dikke lagen stilte
Geen gehuil meer, geen gelach,
Geen opinies weg en weer,
Geen schoten en geen speeches
Niet eens gefluister
Enkel Stilte die nog luistert
En beluisterd wordt
Ja dan zou, dan zou
De aarde nieuw
Herboren zijn
Moeder-maagd
In licht en wit gewaad

UIT DE AARDE BLOEIT DE WAARHEID OP

(Psalm 85:12)

Omhels de aarde als zij
Ontwaakt bij 't ochtendgloren
Luister naar haar licht waarin wij
Tot mensen zijn geboren

Van haar vruchten eten wij
Ademen haar in en uit
In haar velden rusten wij
Als bruidegom en bruid

Niets zal ons deren
Zonen die hun moeder eren
In de aarde zal men bergen
Wat rest wanneer we sterven

Zal zij ons dan ontvouwen
Haar diepste ongeziene grond
't Geheim ons toevertrouwen
Van Leven dat in haar ontsprong

Pieta, Michel Angelo

Pieta van Michel Angelo

Na uren waanzin en geweld
Op Maria's schoot de mens geveld
Verdriet als milde regen
Die na storm verzacht tot zegen

De wonden zijn geleden
De wreedheid uitgeblust
Verstild tot het verleden
Het lichaam komt tot rust

Lijdzame handen dragen
De lieve zoon, zonder klagen
Moederschoot als schepping
Altaar van een nieuw begin

ZIEDAAR DE VROUW

Vrouwen geslagen en verplet
Gespijkerd aan een kruis
Zoals de man van Nazareth
Godverlaten zonder thuis

Ziedaar de vrouw, ontluisterd
Verkracht, misbruikt, gekruisigd
Haar laatste ademwoord
Amper nog gehoord

Wie zal het onrecht breken
Wie recht en waarheid spreken
Wie het mangeweld bezweren
En zwaard tot ploeg omkeren?

De aarde zwijgt, de hemel wacht
Bloemen bloeien als weleer
Maar ooit dooft uit de nacht
Ooit bestaat de hel niet meer

En in het uur van onze dood

Hoe dood is dood, de grens
Tussen ik en hier en wij
Hoe diep de kramp in elke mens
De angst - het is voorbij

Kan ik sterven voorbij de dood?
Voorbij al wat ik was en wist
Nieuwsgierig, onverdoofd
Zien wat niet is uitgewist

Lichtvoetig loslatend
Al wat mijn hoofd verzint
Om hemelvrij te maken
Wat niet kan en toch begint

Moeder Gods bid voor ons
Dat in het eindstation
De einder opengaat
Jouw hand de mijne raakt

LIEVE VROUWEN IN DE HEMEL

Lieve Zuster Coleta,
Engelbewaarder in de kleuterklas
Die de wolven wegjoeg uit het bos
En bij onweer het verhaal van Noë las
Zoen en zegen mij

Lieve Bonnemama
Die met jouw mooi geschrift
En zachtmoedige blik
De dichter in mij heeft gewekt
Zoen en zegen mij

Lieve Ludwine
Zielsgenote in mijn leven
Om jouw vriendschap
En de aandacht voor mijn streven
Zoen en zegen mij

Lieve Mama
In jouw schoot gevormd
Dat jouw veerkracht en geduld
Mij als mantel steeds omhult
Zoen en zegen mij

Lieve Rita,
Voor elkaar bestemd
Dat wij in wederkerig geven,
Het Leven blijven samenweven
Zoen en zegen mij

Mariabeeld voor blinden, Guido Dettoni, Kapel Santa Maria Delle Rose
(Assissi)

LITANIE VAN MARIA MOEDER VAN DE WEG

Maria vol van genade — wees gegroet
Maria aan wie Gods Woord geschiedt — wees gegroet
Maria overschaduwd door de Geest — wees gegroet
Maria op weg naar Elisabeth — wees gegroet
Maria die het Magnificat zingt — wees gegroet
Maria die Jezus ter wereld brengt — wees gegroet
Maria in het huis in Nazareth — wees gegroet

Vrouw vernederd door de machtigen — Vergeef ons
Vrouw bedreigd door het geweld van Herodes — Vergeef ons
Vrouw op de vlucht naar Egypte — Vergeef ons
Vrouw wiens zoon ze hebben vermoord — Vergeef ons
Vrouw in jouw armen Jezus dood en ontbloot — Vergeef ons
Vrouw die het lijden van de wereld draagt — Vergeef ons
Vrouw van Smarten — Vergeef ons

Moeder van het Godsvertrouwen — Neem ons bij de hand
Moeder van het groot geduld — Neem ons bij de hand
Moeder van de wijsheid — Neem ons bij de hand
Moeder van de moedelozen — Neem ons bij de hand
Moeder van onze vijanden — Neem ons bij de hand
Moeder van de Weg en de Hoop — Neem ons bij de hand
Moeder in het uur van onze dood — Neem ons bij de hand

Zalig jij arm en maagdelijk van geest — God zij dank
Zalig jij troosteres der bedroefden — God zij dank
Zalig jij barmhartig zoals de hemelse Vader — God zij dank
Zalig jij omwille van jouw zachte kracht — God zij dank
Zalig jij die het opneemt voor de verdrukten — God zij dank
Zalig jij die vrede uitstraalt — God zij dank
Zalig jij die spot en vervolging weerstaat — God zij dank

Maria Moeder van de Aarde — Wees onze vreugde
Maria Ster aan de hemel — Wees onze vreugde
Maria Lelie op het veld — Wees onze vreugde
Maria Roos van de liefde — Wees onze vreugde
Maria Bron in de woestijn — Wees onze vreugde
Maria Sneeuw op de berg — Wees onze vreugde
Maria Aanwezig in ons hart — Wees onze vreugde

Amen

Deel 3

Een essay en een brief

Essay
Het meisje dat Maria heette

Je maker neemt je tot vrouw... Je was een verlaten, wanhopige vrouw toen de HEER je terugriep. Kan iemand de vrouw van zijn jeugd verstoten? - zegt je God. Ik heb je voor een ogenblik verlaten, maar vol mededogen neem Ik je weer bij me. In laaiende toorn verborg Ik mijn gelaat voor je, slechts één ogenblik, maar Ik zal me weer over je ontfermen met eeuwigdurende liefde, zegt de HEER, die je vrijkoopt.

— Jesaja 54:5A, 6-8

Wie in de Bijbel zoekt naar teksten over Maria, de moeder van Jezus, komt van een schrale oogst thuis. In de brieven van Paulus, de oudste geschreven bron uit het Nieuw Testament, wordt zij nergens bij naam genoemd. Bij Marcus, de oudste evangelietekst, één keer terloops. Bij de evangelist Johannes kan je het verhaal lezen over de bruiloft van Kana, waar Jezus water in wijn verandert nadat zijn moeder hem daar attent had opgemaakt. Bij Johannes krijgen dergelijke verhalen echter een sterk symbolische betekenis. Water in wijn veranderen is teken dat de messiaanse tijd is aangebroken. Wat precies de historische kern is van zo'n verhaal, is moeilijk te achterhalen en voor de evangelist eerder bijkomstig. Bij Mattheüs en Lucas is er meer te vinden.

Zij integreren in hun evangelie verhalen over Jezus' afstamming en zijn geboorte.[1] De verhalen van beide evangelisten zijn erg verschillend en duidelijk theologisch opgebouwd in functie van de gemeenschap waarin ze zijn ontstaan. Mattheüs schrijft vanuit en voor een joods publiek, Lucas een gezel van Paulus voor een kosmopolitisch publiek. Hoe verschillend ook, over één punt zijn ze het wel eens: Jezus is niet het biologisch kind van Jozef, aan wie Maria uitgehuwelijkt is. Van wie dan wel? Lucas laat een engel zeggen dat ze 'overschaduwd' zal worden door de Heilige Geest. Of deze 'overschaduwing' betekent dat Maria zwanger werd zonder het sperma van een man wordt niet expliciet gezegd maar is later door de kerkvaders en kerkleiders zo ingevuld. Maria is tegelijk moeder en maagd. Ik kom daar later nog op terug want het is mijns inziens een traumatisch scharniermoment in het leven van Maria en Jozef. Een trauma dat ook in andere teksten van het evangelie nog sporen naliet zoals bijvoorbeeld in de scene waar Jezus als Rabbi op het verzet stoot van zijn familie en de inwoners van Nazareth. (Mc. 3:31-35)

Een vreemde paradox. Nergens ter wereld is een vrouw zo geëerd als Maria, de moeder van Jezus, terwijl we heel weinig, bijna niets, met zekerheid weten over haar feitelijke leven. En wat we weten is bovendien erg verwarrend. Herlees eens de schaarse, opgetekende woorden van Maria. Bij de aankondiging van de zwangerschap noteert Lucas: "Hoe kan dat (*zwanger worden*) daar ik geen man beken?" en "Zie de dienstmaagd des Heren. Mij geschiede naar uw woord." Op de bruiloft van Kana zegt Maria volgens Johannes aan de knechten "Doe maar wat hij u zegt." Drie uitspraken (meer zijn er niet!) met een schijnbaar groot gehalte van volgzaamheid en onderdanigheid. Meer rebels klinkt het in het *Magnificat*, een sterk bijbels lied dat in de lijn ligt van de psalmen en joodse bevrijdingsliederen. Het wordt in de mond van Maria gelegd (sommige exegeten schrijven het toe aan Elisabeth).

Zijn de woorden van Maria schaars, de woorden die Jezus tot Maria spreekt zijn ronduit onthutsend. Telkens als Jezus en Maria elkaar ontmoeten, doet Jezus zijn uiterste best om afstand te scheppen. Het begint al met de twaalfjarige Jezus in Jeruzalem die ontsnapt aan zijn bezorgde ouders. Toen ze hem eindelijk vonden zegt hij verwijtend: "Wist ge dan niet dat ik in het huis van mijn vader moet zijn?" Bij zijn bezoek aan Nazareth aan het begin van zijn profetische campagne, vragen zijn moeder en zijn broers op een bepaald moment naar hem. Boudweg antwoordt hij dat "zijn moeder en familie" niet zijn bloedverwanten zijn maar alleen zij die de wil van God volbrengen. In het verhaal van de bruiloft in Kana beantwoordt Jezus Maria's vraag om hulp met een koele tegenvraag: "wat is er tussen u en mij?" en tenslotte in de scene onder het kruis verwijst Jezus naar Johannes: "Ziedaar uw zoon." Telkens hoor je een ondertoon van 'ik ben niet *jouw* zoon, ik hoor bij de Vader en niet bij jou'. Ook later in de Handelingen van de Apostelen speelt Maria zo goed als geen beduidende rol en wordt zij niet vermeld als directe getuige van Jezus' verrijzenis.

Toen ik al deze Mariale teksten tot mij liet doordringen en ze ontdeed van latere, meer door devotie en dogma gedreven interpretaties, kwam het mij voor hoe tragisch de historische figuur van Maria is en hoe zij tegelijk ook de tragiek van Jezus' geboorte en dood mee bepaalde.

De verhemelsing van Maria

Vanwaar komt dan onze diepe verering voor die vrij tragische Maria van Nazareth, vanwaar die onuitputtelijke litanie van eretitels die we haar toedichten en het geloof dat zij in de heilsgeschiedenis wel een centrale rol speelt? Hebben we het onbekende, joodse meisje Maria met onze diepe verlangens naar een alomtegenwoordige, maagdelijke moeder bekleed? Hebben we op haar, zoals de psychiater Carl Gustav Jung uitlegt, het archetypische beeld geprojecteerd van de Moeder-Maagd, dat in het collectief onbewuste aanwezig is en in diverse religies opduikt? Isis, Astarte, Artemis en Venus zijn godinnen en maagdelijke moeders die het leven op aarde voeden. De geboorte van een redder van de wereld uit de schoot van een maagd is zeker geen joodse 'uitvinding'. Om de goddelijke zending van farao's en van keizer Augustus in de verf te zetten werd hen ook een goddelijke vader toegedicht. In *De gemanipuleerde Maria: De Mariadogma's en wat eraan voorafging* (2012) legt de antropoloog Aat Van Gilst uit hoe de katholieke dogma's over Maria in feite een echo zijn van oudere religieuze voorstellingen. Maar toch is er naar mijn aanvoelen een wezenlijk verschil. Waar farao's, keizers en godinnen zich een goddelijke geboorte toe-eigenen, gebeurt dat om zichzelf een bovenaardse heldenstatus te geven. Maria van Nazareth en haar zoon zijn eerder antihelden die ten onder gaan maar ondanks alles hun vertrouwen stellen in God. Het verrijzenisgeloof na hun dood heeft hun dan geleidelijk zo'n hemelse heldenstatus gegeven.

De evangeliefragmenten over Maria zijn verhalen over de crisismomenten uit haar leven: haar verwarring toen ze een 'buitenechtelijk' kind verwachtte, de grote consternatie en gewetensnood van Jozef, de kans op verstoting, haar vlucht naar Egypte, de groeiende vervreemding tussen Jezus en zijn moeder, het vernederend verlies van haar zoon die als crimineel de schanddood op het kruis sterft en tenslotte de afwezigheid van Maria onder de getuigen van de verrijzenis. Haar leven is gekenmerkt door wat Simone Weil het *'ongeluk' (le malheur)* noemt.[2] De *malheur* die Job heeft doorstaan, die Jacob in zijn nachtelijk gevecht met de Engel ondergaat en die het aardse leven en de dood van Jezus kenmerkt. Wie het ongeluk te gemakkelijk weg theologiseert, eindigt met een succesverhaal dat meer aan onze behoeften voldoet dan aan de werkelijkheid zelf.

De pijnlijke 'malheur' van de evangelische Maria moet na haar dood plaats maken voor haar dogmatische vergoddelijking. In 431 werd zij tot 'moeder van God' verheven. In 649 is Maria's eeuwigdurende maagdelijkheid als dogma vastgelegd, in 1854 haar onbevlekte ontvangenis en in 1950 de ten hemel opneming. Deze 'verhemelsing' van Maria berust op eeuwenlange, soms bittere theologische discussies over de god-menselijke natuur van Jezus. Als Jezus de zoon van God is en dus zelf God is, dan moet zijn moeder ook werkelijk 'moeder van God' genoemd worden.

Mens geboren uit Maria is Jezus tegelijk uit God geboren wat tot uiting komt in de maagdelijke geboorte *in partu* en *post partum* (voor en na de bevalling zoals de kerkvaders het uitleggen). Verder volgt uit het feit dat Jezus vrij van (erf)zonde is, dat ook zijn moeder 'onbevlekt ontvangen' moet zijn geweest zodat ze hem niet met de erfzonde kon besmetten. Tenslotte is de ten hemel opneming van Maria net zoals de hemelvaart van Jezus een bekroning van hun beider goddelijke status.

Jezus zelf vermeed de titel 'Zoon van God' en noemde zich bij voorkeur de 'Mensenzoon'. Maar na zijn dood en in het licht van de verrijzeniservaring groeide de behoefte om Jezus' godmenselijke natuur een *fysieke* grondslag te geven. Dit leidde tot Maria's verheffing. De tragische sporen die het 'meisje dat Maria heette' in het evangelie achterliet bleven daardoor vaak onderbelicht, zo niet uitgewist, ten voordele van het beeld van een Maagdelijke Moeder-Koningin. Achter het triomferend beeld van Maria steekt ook een bepaald Godsbeeld. 'Bij God is niets onmogelijk' is een belijdenis van Gods Almacht die de wetten van de natuur trotseert en negeert. Maar wie Gods Almacht op deze wijze belijdt komt vroeg of laat in conflict met de werkelijkheid van het lijden. Hoe kan de God die alles kan het onmenselijke en vooral onrechtvaardige lijden en kwaad in onze wereld gedogen en laten gebeuren? Misschien kan het volgen van de oorspronkelijke sporen van de verwarde en gekwetste Maria ons - seculiere gelovigen - dichter bij de Bijbelse God van Liefde brengen dan het beeld van de verheven Moeder-Maagd die door Gods Almacht op een wonderlijke wijze op een hemelse troon is geplaatst en die wij aanroepen om te genezen van onze kwalen.

Ik ben geen theoloog en heb helemaal niet de ambitie, noch de eruditie om theologische stellingen in te nemen voor of tegen sommige dogma's. Ik tracht mij als volwassen seculiere gelovige een beeld te vormen van de vrouw en geestelijke moeder aan wie ik als jonge knaap in Lourdes ben toegewijd. Wat kunnen wij met onze kennis van vandaag uit het evangelie afleiden over Maria en haar relatie tot Jezus? De protestantse exegeet, historicus en theoloog Daniel Marguerat is op mijn zoektocht een belangrijke gids geweest. Zijn boek *Vie et Destin de Jésus de Nazareth* (2019) kan ik warm aanbevelen. Het geeft een exegetische onderbouwing aan sommige dichterlijke interpretaties waarmee ik de lege plekken in Maria's biografie invul. Omwille van hun controversieel karakter beschouw ik het als normaal dat ik daarover enige verantwoording afleg.

DE TRAGIEK VAN MARIA'S LEVEN

De tragiek van Maria's leven begint op het ogenblik dat God zich met haar bemoeit en een Engel stuurt die haar zwangerschap aankondigt. Geconfronteerd met het feit dat ze zwanger is of wordt van een 'buitenechtelijk' kind, brengt haar in een staat van grote verwarring. Door dit feit immers valt niet alleen het geplande huwelijk in duigen en is de kans op een publieke verstoting door Jozef zeer reëel. Wat haar nog erger lijkt is dat haar kind als een onwettig bastaardkind (een *mamzer*) door het leven zal moeten gaan. Haar joodse meisjesdroom om moeder te worden en samen met Jozef - aan wie ze door haar ouders als tiener uitgehuwelijkt was - een kroostrijk gezin te stichten, slaat daardoor om in een onvoorstelbare nachtmerrie. Op dat ogenblik zegt de Engel haar: 'Vrees niet. God laat je niet los. De Heilige Geest zal over jou komen. Bij God is niets onmogelijk.' (Lc. 1:35)

Hoe moet men dit woord van de engel interpreteren? Op de vraag hoe zo'n maagdelijke bevruchting biologisch mogelijk is - of met de woorden van Maria: 'Hoe kan dat zonder gemeenschap met een man?' - antwoordt de Engel dat bij God niets onmogelijk is. Een antwoord dat in zekere zin een dooddoener is maar tegelijk alles openlaat. Nergens wordt expliciet gezegd dat God haar biologisch en fysiek bevrucht. De uitdrukking 'God zal over je komen en de kracht van de Allerhoogste zal je als een schaduw bedekken' is een expressie die Gods bescherming en aanwezigheid bij zijn volk in de woestijn verwoordt. (Margeurat verwijst naar Ex. 40:35, Num. 9:18-22, 10:34.) In Psalm 2 zegt

God aan de pas gezalfde koning: "Jij bent mijn zoon. Heden heb ik jou verwekt." (Ps. 2:7) Dit wijst erop dat de Bijbelse metaforen van overschaduwing, bevruchting en geboorte in de eerste plaats een nieuwe spirituele band tussen God en mens op het oog hebben. (Marguerat, p.58-59.)

Maar als we de bevruchting door de Geest niet langer fysiek maar spiritueel interpreteren en Jozef (volgens Lucas en Matteüs) niet de biologische vader is, wie is het dan wel? Net zoals een geadopteerd kind toch gefascineerd blijft door het beeld van zijn onbekende biologische vader, kan het voor een volgeling van Jezus van betekenis zijn te weten hoe het leven van Jezus biologisch begonnen is. Ik kan me niet van de indruk ontdoen dat men dit potje liever gedekt laat om de vertrouwde, bijna sprookjesachtige verhalen over de geboorte van Jezus niet te ontluisteren. Maar ook hier kan de waarheid bevrijden of tenminste ons geloof ontdoen van overtrokken, mythologische voorstellingen.

Het onbekende biologisch vaderschap van Jezus was reeds in zijn tijd een bron van geruchten en onbegrip. In het oudste evangelie, dat van Marcus, lezen we hoe Jezus in Nazareth stoot op cynisme en ongeloof. "Hij is toch die timmerman, de zoon van Maria en de broer van Jacobus en Joses en Judas en Simon? En wonen zijn zusters niet hier bij ons?" (Mc. 6:3) Het ongewone in deze quote is dat Jezus' identiteit hier aangeduid wordt als 'zoon van Maria' en niet, zoals naar joodse gewoonte door de naam van de vader. Lucas die het verhaal van Marcus overneemt zal om alle geruchten te vermijden 'zoon van Maria' corrigeren tot 'zoon van Jozef'. Maar de oudere uitdrukking 'zoon van Maria' laat vermoeden dat het gerucht in het dorp de ronde deed dat Jezus een *mamzer* was. Een ander verhaal in Marcus wijst in dezelfde richting. Zijn succesvol optreden als profeet in het spoor van Johannes de Doper riep bij de hele familie grote ergernis op. Hoe kan een *mamzer* zich profeet van de Allerhoogste noemen? 'Toen zijn verwanten hiervan hoorden, gingen ze op weg om hem, desnoods onder dwang mee te nemen want volgens hen had hij zijn verstand verloren.' (Mc. 3:20) Wanneer ze hem een bericht stuurden over hun nakende komst, zei hij uitdagend tot de toehoorders: 'Wie zijn mijn moeder en mijn broers? Jullie zijn mijn moeder en mijn broers. Want iedereen die de wil van God doet, is mijn broer en zuster en moeder.' (Mc. 3:33-35)

Ook het feit dat Jezus ongehuwd bleef, wordt begrijpelijker vanuit de mogelijkheid dat hij een *mamzer* was. In de christelijke traditie kreeg celibaat weliswaar een belangrijke plaats, bijvoorbeeld als onderdeel van het monastieke leven, maar voor een joodse rabbi was net het huwelijk een teken van Gods zegen en uitverkiezing. Op basis van de toenmalige sociale en religieuze context zou je bijgevolg verwachten dat ook Jezus een gezin stichtte. Alleen, volgens de rabbijnse traditie was het zo dat de kinderen van een *mamzer* eveneens als *mamzer* werden beschouwd. Dus wie zou ermee willen trouwen?

Een vierde spoor dat wijst op Jezus' buitenechtelijke geboorte vindt Marguerat in de stamboom van Jezus waarmee het evangelie van Matteüs begint. (Mt. 1:1-17) In die op theologische gronden geconstrueerde stamboom staan tot verrassing van de joodse lezer vier vrouwen die de mannelijke genealogie onderbreken: Ruth, Rahab, Tamar en Betsabé. Het merkwaardige is dat deze vier vrouwen bekend staan om hun naar joodse norm controversieel seksueel gedrag: Ruth sluipt 's nachts binnen bij Boaz (Rt. 3), Rahab is een prostituee in Jericho (Jos. 2), Tamar doet zich voor als prostituee om haar schoonvader te verleiden (Gn. 38) en Betsabé is door David op illegale wijze zwanger gemaakt (2 Sam. 11), waarbij hij haar wettige echtgenoot Uriël op het slagveld de dood injaagt en haar kind Salomon later tot zijn opvolger laat kronen. Het zijn dus vier vrouwen die buiten de geldende joodse seksuele norm leven of gedwongen worden te leven. Vraag is waarom Matteüs deze vier vrouwen in zijn stamboom inlast, terwijl Lucas dit niet doet. De uitleg van Marguerat luidt als volgt: Matteüs wil de geruchten over de buitenechtelijke geboorte van Jezus voor zijn joodse lezers een nieuwe betekenis geven. Onwettige seksualiteit wordt niet goed of afgekeurd maar vastgesteld en kan door Gods interventie toch tot een goede uitkomst leiden. Salomon de gevierde koning en tempelbouwer uit David's huis is geboren uit het overspel van David met Betsabé. Fraai oogt dat niet maar God is groter dan het menselijk falen. Zo kan ook de mogelijke verkrachting van Maria door Gods ingreep tot iets goeds leiden. Dankzij Jozef die in alle stilte Maria tot vrouw neemt en daardoor ook Jezus verheft tot een wettige opvolger van David en een volwaardige zoon van Abraham. Jozef is heel wat meer dan een instrumentele achtergrondfiguur in een uitgekiend heilsplan. Door zijn niet vanzelfsprekende keuze kantelt het heilsperspectief ten goede.

Heel anders klinkt het in sommige anti-evangelische, joodse geschriften die Jezus niet als Messias erkennen en de goddelijke interventie als boerenbedrog bestempelen. Je hoort daar een echo van in de felle disputen van Jezus met de farizeeën (Joh. 8:35-45) als ze hem uitdagend vragen "wie zijn vader dan wel is" en op het einde uitroepen: "Wij zijn geen bastaardkinderen. Wij hebben maar één Vader: God." (Joh. 8:42) De kerkvader Origenes (°185-† 251) citeert in *Contra Celsum* (geschreven in 248) de heidense en antichristelijke filosoof Celsus die in een verdwenen geschrift (dat dateert van 178 na Christus) het verhaal vertelt van Jezus' onwettige geboorte. Zijn moeder Maria, zegt Celsus, is omwille van overspel met een Romeins soldaat die Panthera heette, verstoten door haar man, die een timmerman was. Dit verhaal over het biologisch vaderschap van de Romeinse soldaat en de mogelijke verkrachting van Maria komt later nog terug in polemische discussies tussen christenen en joden.

Matteüs en Lucas stellen tegenover het verhaal van Maria's verkrachting door Panthera het verhaal van de overschaduwing van de Geest. Iets gelijkaardigs gebeurt ook na de dood van Jezus. Het verhaal van het lege graf dat bedoeld was om de chris- telijke verrijzenisverhalen onderuit te halen - de leerlingen hebben gewoon het lijk van Jezus weggenomen zo luidde het anti-evangelisch verhaal - wordt door de evangelisten omge- bogen tot een getuigenis over de verrijzenis. Het graf is leeg omdat God zijn zoon Jezus uit de dood heeft opgewekt. Zo ook bij de geboorte: Jezus is geboren omdat God de zwangerschap van Maria mogelijk heeft gemaakt. In beide gevallen wordt niet precies gezegd hoe dat gebeurt maar alleen dat God tussenkomt en ons redt.

Het is voor gelovigen moeilijk om Jezus' leven te verbinden met een verkrachting of een buitenechtelijke relatie. Net zoals het voor de apostelen moeilijk was om Jezus' dood te verbinden met de executie van een misdadiger. Jezus zelf heeft in de evangelies zijn *mamzerut* nooit bevestigd of ontkend maar wel bloedverwantschap sterk gerelativeerd. Het rijk Gods bestaat uit mensen die leven vanuit de wil en de genade van God en niet uit de kracht van bloedverwantschap. Jezus zal in die geest de joodse wetten en normen bekritiseren omdat ze systematisch gebruikt worden om onschuldige mensen uit te sluiten zoals het geval is met verkrachte vrouwen of met bastaardkinderen die weinig of geen rechten hadden. Jezus redt met zijn uitdagend woord "wie van u zonder zonde is, werpe de eerste steen" een overspelige vrouw van de doodstraf door steniging zoals de wet het voorschreef. In veel van zijn daden neemt hij het op voor de marginale en uitgesloten groepen in de samenleving en tegen de verstikkende dominantie van joodse wetten en taboes. Vandaar die ongemeen felle disputen met de farizeeën. Jezus' blijde boodschap luidt steevast: wat ook jouw afkomst zij en wat je ook overkomt, je bent geroepen om deelgenoot te worden van Gods Liefde.

Het is ook interessant eens te kijken naar de rol van Jozef. Het evangelie van Lucas focust op Maria en Elisabeth. Bij Matteüs gebeurt de aankondiging van Jezus' geboorte aan Jozef. In een droom wordt hij opgeroepen om tegen de joodse code in Maria niet te verstoten en Jezus als zijn zoon te erkennen. De erkenning en naamgeving door de vader markeert de sociale en juridische identiteit van de zoon. Van Jozef zal Jezus niet alleen de vaardigheid van een timmerman en bouwvakker leren maar ook leren de psalmen bidden en de joodse bevrijdingsverhalen vieren. Dat Jozef verder zo weinig in beeld komt, kan te wijten zijn aan zijn vroegtijdige dood waarbij hij Maria achterlaat met een gezin van vijf zonen en enkele dochters.[3] Omwille van zijn cruciale rol in de menswording van Jezus probeer ik in mijn gedichten de lege plek van Jozef en zijn relatie met Maria wat meer in te vullen. Het ergert mij dat de figuur van Jozef hetzij genegeerd hetzij herleid wordt tot een devote 'voedstervader' van Jezus.[4]

De geringe interesse van de evangelisten voor de biologische afkomst van Jezus ligt in de lijn van vele andere Schriftverhalen waar onmogelijke zwangerschappen plaats vinden omdat de vrouw te oud of onvruchtbaar is. Telkens zegt een engel (al dan niet in een droom) "U zult zwanger worden en een zoon krijgen" maar nergens zegt de engel wie de biologische verwekker is. (Zie bijvoorbeeld de belofte aan Sara de vrouw van Abraham in Genesis 17, aan de vrouw van Manoach in Rechters 13 of aan Elisabeth, de vrouw van Zacharias in Lucas 1.) Sporen die wijzen naar een buitenechtelijke vader zijn er in deze verhalen niet te vinden. God is de centrale speler, de rest verdwijnt zoveel mogelijk uit het beeld.

Maria en Jezus hebben niet alleen 'sympathie' voor de uitgestoten van deze wereld. Door wat hen aangedaan werd behoren *zij zelf* tot deze categorie van mensen. Hun solidariteit is geen filantropie maar een existentiële deelname in hun lot. Door het verhaal van Maria als verkrachte vrouw worden wij eraan herinnerd hoe zij (en in haar ook God) op een existentiële wijze lotgenote is van alle vernederde en verstoten vrouwen. Dit feit doet op zich niets af van Maria's onschuld en zondeloos bestaan, haar 'onbevlekte ontvangenis'. Net zoals Jezus' veroordeling als godslasteraar en overtreder van de Romeinse wet niets afdoet van zijn onschuld en zondeloos leven. Merkwaardig dat ondanks zijn zondeloze onschuld de geloofstraditie ons voorhoudt dat Jezus na zijn dood 'neergedaald is ter helle', de plaats van de verworpenen. Door deze diepe en existentiële solidariteit met de 'verworpenen der aarde' krijgt ook de bevrijding uit de hel - of misschien juister: de opheffing van de hel - een betekenis van absolute en universele bevrijding.

Het verhaal van de verkrachting van Maria maakt haar tot

een geloofwaardig icoon van alle verkrachte en misbruikte vrouwen. Door Maria in elke verkrachte mens te zien kunnen we ook ontdekken hoe God aanwezig en werkzaam is in hen. Het is een uitdagend inzicht. Een glimp van dit inzicht vond ik bij Dr. Mukwege, de bekende Congolese arts die in 2018 de Nobelprijs van de Vrede kreeg omdat hij in een risicovolle context van oorlog en massale verkrachting vrouwen en kinderen blijft opereren en bijstaan.

In elke verkrachte vrouw zie ik mijn vrouw,
in elke verkrachte moeder mijn eigen moeder
en in elk verkracht kind mijn eigen kinderen.

Een ander merkwaardig getuigenis van Gods werking in verkrachte vrouwen vond ik in de brief van een Bosnische non, Lucia Vetruse, die door Servische soldaten tijdens de oorlogsjaren in de Balkan verkracht en zwanger werd. De brief is gericht aan de overste van haar congregatie. Een Franse vertaling ervan verscheen in 1995 in de krant *La Croix*. Naar aanleiding van dit artikel vertelde een vriend jezuïet mij toen iets over het bestaan van een oud, polemisch verhaal van Maria's verkrachting. Ik liet dit voor wat het was. Maar toen mijn manuscript voor deze gedichtenbundel klaar was, vond ik toevallig bij het opruimen van een lade met oude papieren de vergeten kopie van het artikel terug. In samenspraak met de uitgever hebben we besloten dit getuigenis toe te voegen aan het boek. Niet als rolmodel voor verkrachte vrouwen, maar wel als een uniek getuigenis dat God het geknakte riet nooit breekt en uit elke *malheur* nieuwe en onverwachte vormen van leven schept zoals Hij dit met Maria deed en op vele wijzen ook vandaag nog doet.

De Mariaruimte

Schilders en beeldhouwers stellen de 'eeuwige' of verrezen Maria meestal voor als een vrome, lieftallige vrouw die zelfbewust haar zoon aan de wereld toont als de heiland. In zulke voorstellingen verschijnt Maria als een fysiek individu met een naar eigen tijd en verbeelding gestileerde persoonlijkheid. Hoe waardevol ook, toch is zo'n voorstelling tegelijk misleidend omdat ze de verrezen Maria voorstelt als de voortzetting van haar vroegere, lichaamgebonden bestaan. De dood impliceert echter een onherstelbaar afscheid van ons fysiek bestaan. Voor sommigen is dit het einde van elke vorm van aanwezigheid. Voor een gelovige is dit moment van fysieke dood een ingrijpende transformatie. Ook al blijft in de christelijke traditie het lichaam altijd deel uitmaken van de aanwezigheid van een persoon, het is duidelijk dat deze lichamelijkheid niet langer de vorm heeft van een tijdruimtelijk begrensd en waarneembaar object.

Hoe moeten we de nieuwe lichamelijkheid van Maria voorstellen? Hoe kan de fysieke en zichtbare verschijning van het lichaam plaats maken voor een spirituele aanwezigheid? Is het mogelijk om ruimte en tijd en dus ook onze lichamelijkheid op een ander manier te denken dan in fysieke en meetbare termen? In zijn meesterlijk boek *De Jezusruimte* beschrijft Benoît Standaert de aanwezigheid van Jezus na zijn dood als de ervaring van een nieuwe ruimte.

> De categorie 'ruimte' of horizon of ook 'milieu' zoals Teilhard de Chardin die aanwendde (vergelijk 'Le milieu divin'), roept een geestelijk veld op: een paradoxale cirkel waarvan 'het centrum overal is en de omtrek nergens.' De vrijheid die de Jezusruimte in zich bergt, laat zich niet zomaar inkapselen, maar deelt zich creatief mede: je moet erin gaan staan om ze te kennen. (...) Je kan je ervoor afsluiten en dan bestaat ze gewoonweg niet voor jou. Je kunt erin delen zonder haar ooit uitputtend te doorvorsen. Een gebaar zoals het kruisteken of een oogopslag naar een icoon, kan volstaan om de hele ruimte in jou weer present te maken. (Standaert 2000: 19)

De verrijzeniservaring schept in ons een nieuwe openheid waarin wat dood was zich op een heel andere wijze aan ons manifesteert. Als een soort ruimte van licht en genade. Zo kunnen we ook Maria's aanwezigheid na haar dood als een *spirituele* ruimte-en-tijd-ervaring beschrijven. Ruimte in geestelijke

zin betekent de openheid in ons bewustzijn voor het onzicht-
bare. Tijd valt er samen met de openbaring van het onverwachte.
Op niet-voorspelbare wijze schept Maria in en door ons een
ruimte van liefde en ontmoeting. Alleen in deze ruimte van
wederkerige openheid en toewijding kunnen wij haar leren
kennen. Maria leert ons dat we elk leven moeten 'dragen' opdat
het zou kunnen in of uit ons geboren of herboren worden. Zij is
de moeder van de hoop en het geduld, de vrouwelijke en
moederlijke gestalte van Gods liefde.

Met de gedichten uit het tweede deel probeer ik iets weer te
geven van de spirituele aanwezigheid van Maria in onverwachte
situaties: in de veerkracht van vernederde vrouwen, mantelzor-
gers en vluchtelingen, in de toewijding van moeders voor eigen
of andermans kinderen, in Mariale gemeenschappen, in allen die
zorg dragen voor het ongeboren en geboren leven. Ik ervaar haar
aanwezigheid op de plekken waar ze in visioenen verschijnt aan
kinderen, in de waterbronnen die ze ontsluit, in de godvergeten
kapellen langs Vlaamse wegen, in de ontelbare schilderijen en
beelden die haar een gelaat geven en in de duizenden liederen en
gedichten haar ter ere geschreven en gezongen. Ik ervaar haar
vandaag op een bijzondere manier in de zorg van en voor de
Aarde in wiens macro-schoot het leven ontkiemt en ontwikkelt.
Maria is als Persoon beeld van de door ons zo vaak verkrachte
'Moeder Aarde' en omgekeerd, de Aarde is als Moeder een
expressie van de Mariale zorg en voorzienigheid die in de kosmos
werkzaam is. Onuitputtelijk is de litanie van Duizend namen die
de Mariaruimte in ons oproept.

Tot besluit

In dit essay ben ik wat langer blijven stilstaan bij de opvatting
van Maria's zwangerschap en maagdelijkheid. In de gedichten
speelt dat maar een beperkte rol. De meeste gedichten kunnen
immers gelezen worden zonder dit verhaal als achtergrond.
Waarom dan zulke 'polemische punten' naar boven halen?
Omdat ze naar mijn aanvoelen belangrijk zijn om te groeien naar

het bijbels geloof dat God niet zozeer werkzaam is in de romantiek maar wel in de *malheur* van het leven. Daar vist Hij ons op en herschept Hij ons.

Voor mezelf heeft dit onderzoek naar de betekenis van Maria in de Schrift geleid tot twee inzichten.

Eén. De dogmatisering van Maria heeft ons te veel vervreemd van de historische Maria en de tragiek van haar leven. Ons terug verbinden met deze tragiek opent een weg naar een dieper verstaan van Maria's betekenis en van Gods werkende aanwezigheid in onze altijd ambigue wereld waar goed en kwaad zo complex door elkaar lopen.

Twee. Maria's buitenechtelijk zwangerschap is zowel deel van haar tragische lot als het begin van haar zoektocht naar Gods wil in haar naar joodse normen onwettige levenssituatie. Ontken ik daarmee de maagdelijkheid van Maria? Als biologisch-fysiek kenmerk wel maar niet in haar spirituele betekenis van onvoorwaardelijke toewijding. Ik ga ervan uit dat de menswording van Jezus geen *deus ex machina* gebeurtenis is en dat de zwangerschap van Maria een biologische vader en dus een seksuele verhouding met een man veronderstelt. Wie die man is, is meer hypothese dan bewijs, meer fictie dan feit. Maar hoe de biologische situatie ook moge zijn, de spirituele betekenis blijft overeind. De *overschaduwing door de Geest* beantwoordt Maria met haar toewijding als *dienstmaagd des Heren*. Deze 'maagdelijkheid van geest' kan zowel binnen als buiten het fysieke huwelijk doorleefd worden.

Geraadpleegde literatuur

Boff Leonard, 1983, *Ave Maria: het vrouwelijke en de Heilige Geest*, Altiora, Averbode.

Ghesquière Rita, 2018, *Duizend Namen: het Beeld van Maria in de Europese Literatuur*, Averbode.

Huijgen Arnold, 2021, *Maria: icoon van genade*, Kokboekencentrum, Utrecht.

Huré Jacqueline Saveria, 1986, *Mémoires de Marie, fille d'Israël*, La Table Ronde, Paris

Marguerat Daniel, 2019, *Vie et Destin de Jésus de Nazareth*, Ed. du Seuil, Paris.

Standaert Benoît, 2000, *De Jezusruimte*, Lannoo, Tielt.

Van Gils Aat, 2012, *De gemanipuleerde Maria: de Mariadogma's en wat eraan voorafging*, Uitgeverij Aspekt, Soesterberg.

Vergeer Charles, 2000, *Het Panterjong: Leven en Lijden van Jezus de Nazarener*, Uitgeverij Sun, Nijmegen.

Weil Simone, 2020, *Liefde is Licht*, Kok boekencentrum, Utrecht.

DE BRIEF VAN LUCIA VETRUSE
"WAT MOET IK MET MIJN LIJDEN EN DE MIJ AANGEDANE VERNEDERING?"

Deze brief werd geschreven door Lucia Vetruse, een non uit Bosnië die verkracht werd door Servische soldaten. Ze richtte deze brief aan de overste van haar congregatie. Een Franse vertaling ervan werd gepubliceerd in La Croix (Forum, zaterdag 1 Juli 1995). Ik vertaalde deze tekst op mijn beurt naar het Nederlands.

Ik ben Lucia Vetruse, één van de novicen die verkracht werd door Servische soldaten. Ik schrijf je naar aanleiding van wat ons overkwam, mezelf en de zusters Tartiana en Sandria.

Sta me toe niet in details te treden. Daarvoor is onze ervaring te wreed en niet in woorden te beschrijven. Alleen God aan wiens wil ik mij overgeleverd heb door mijn gewijde geloften, kan de draagwijdte van dat alles vatten. Mijn drama is niet alleen de vernedering die ik ondergaan heb als vrouw of de onherstelbare aantasting van mijn existentiële keuze en roeping, maar de moeilijkheid om in mijn geloof een plaats te geven aan deze gebeurtenis die ongetwijfeld deel uitmaakt van de mysterieuze wil van Hem die ik blijf beschouwen als mijn goddelijke Bruidegom. Enkele dagen voordien had ik *Dialogue des Carmélites* van Bernanos gelezen. Het boek riep bij mij de gedachte op om de Heer te vragen om als martelares te mogen sterven. Hij heeft mij op mijn woord genomen. En hoe dan! Ik bevind me vandaag in een inwendige, angstaanjagende duisternis. Ze hebben mijn levensproject dat ik als definitief beschouwde kapot gemaakt en mij op een spoor gezet dat ik niet kan ontcijferen.

Als adolescente had ik in mijn intiem dagboek geschreven: "Niets is van mij, ik behoor aan niemand toe en niemand behoort mij toe." En nochtans, iemand heeft op een nacht die ik mij niet wil herinneren, beslag op mij gelegd, mij uit mezelf weggerukt en mij als de zijne toegeëigend.

Wanneer ik weer tot mezelf gekomen was, was het al dag en mijn eerste gedachte was de doodstrijd van Jezus in de hof van olijven. In mij voltrok zich een vreselijke strijd. Ik vroeg mij enerzijds af waarom God had toegelaten dat ik stukgeslagen en gebroken werd precies daar waar ik mijn levensvervulling zocht, en anderzijds welke mijn nieuwe roeping kon zijn op de weg waar Hij mij wilde. Uitgeput ben ik opgestaan, heb Zuster Joséphine geholpen en mij daarna klaargemaakt. Ik hoorde de klok, die de sexten aankondigde in het naburige klooster van de Angsten. Ik heb het kruisteken gemaakt en in mijn geest de liturgische hymne gereciteerd: "Op dit uur heeft het ware paaslam Christus op Golgotha ons vrijgekocht van de zonde en ons gered."

Mère, wat betekent mijn lijden en de ondergane vernedering in vergelijking met het lijden van Hem aan wie ik mijn leven wel duizend keer heb toevertrouwd. Langzaam sprak ik de woorden: "Uw wil geschiede nu, en vooral nu ik geen ander steun meer heb dan de zekerheid dat Jij, mijn Heer, dat jij naast mij staat."

Ik schrijf u, *Mère,* niet om troost te ontvangen, maar om mij te helpen God dank te zeggen dat Hij mij verbonden heeft met duizenden, vernederde landgenoten en om mij te helpen mijn ongewenst moederschap te aanvaarden. Mijn vernedering voegt zich bij deze van vele anderen. Ik kan ze u enkel aanbieden tot vergeving van de zonden van mijn anonieme verkrachters en voor de vrede tussen onze twee tegen elkaar opgezette volksgroepen. Ik aanvaard de geleden oneer en vertrouw haar toe aan Gods mededogen.

Neem het mij niet kwalijk indien ik u vraag met mij te delen wat een schijnbaar absurde 'genade' is. De laatste maanden heb ik al mijn tranen uitgeweend omwille van mijn twee broers die vermoord werden door diegene die onze steden terroriseren en belegeren. Ik dacht dat mij geen groter smart dan deze kon overkomen en wist niet dat lijden zo'n grote proporties kon aannemen.

Elke dag kwamen honderden uitgehongerde individuen, bevend van de kou en met wanhoop in hun ogen, aan onze kloosterpoorten aankloppen. Enkele weken geleden zei een jong meisje van 18 mij: "Jullie hebben wel geluk te mogen leven op een plaats waar het kwaad niet kan binnenkomen." Ik heb daarover nagedacht en, beseffend dat het hier gaat om het lijden van mijn volk, voelde ik tot op zekere hoogte schaamte dat ik naast dit lijden stond. Vandaag ben ik een van hen, één van de vele anonieme vrouwen van mijn volk waarvan het lichaam stukgeslagen is en de ziel leeggeroofd. De Heer heeft mij in het mysterie van deze schaamte laten binnendringen en bovendien heeft hij aan mij, aan de Zuster die ik ben, het privilege geschonken de diabolische kracht van het kwaad te begrijpen.

Ik weet dat de woorden van moed en troost die ik zal proberen vanuit mijn pover hart uit te spreken voortaan hard zullen klinken want mijn geschiedenis is immers de hunne en mijn aanvaarding - ondersteund door het geloof - kan zo misschien niet tot voorbeeld, dan toch tot een confrontatie leiden met hun morele en affectieve reacties.

Een klein teken, een woord, een broederlijke steun kunnen voldoende zijn om de hoop van een leger onbekenden te mobiliseren. God heeft mij uitgekozen - Hij vergeve mij deze aanspraak - om de vernederden te gidsen naar een dageraad van verlossing en vrijheid. Zij zullen niet kunnen twijfelen aan mijn oprechte intenties want ook ik behoor zoals hen tot de verworpenen.

Ik herinner mij hoe tijdens mijn literaire studies in Rome een professor van Slavische Literatuur mij dit vers van Alesej

Mislovic citeerde : "Jij moet niet sterven want jij hebt ervoor gekozen langs de kant van de dag te staan". Gedurende de nacht dat ik verkracht werd door Serviërs, herhaalde ik dit vers dat als een balsem was voor mijn ziel wanneer wanhoop mij wilde vernietigen. Nu dat alles voorbij is, lijkt het alsof het slechts een nare droom was.

Alles is voorbij, *Mère*, maar in feite begint alles pas. Tijdens ons telefonisch gesprek waarin u woorden van troost sprak die ik heel mijn leven zal koesteren, hebt u mij ook de vraag gesteld: "wat wil je doen met het leven dat door dwang in jouw schoot is ontstaan?" Ik voelde uw stem trillen toen u mij de vraag stelde waarop niet onmiddellijk een antwoord volgde. Niet omdat ik over deze levenskeuze niet had nagedacht maar omdat u wilde dat mijn gedachten niet zouden overhoop geraken door andere projecten. Mijn besluit is nu genomen: indien ik moeder ben, dan hoort dit kind bij mij en bij niemand anders. Ik zou het kunnen toevertrouwen aan anderen maar het heeft recht op mijn moederliefde zelfs al is het niet gewenst en gewild geweest.

Men kan een plant niet scheiden van haar wortels. Het graan dat gevallen is in de aarde moet groeien daar waar de geheimzinnige - en zelfs onrechtvaardige - zaaier het gegooid heeft. Ik vraag niets aan mijn Congregatie die mij reeds alles gaf. Ik bedank mijn medezusters voor hun broederlijkheid en vooral omdat ze mij niet lastig vielen met allerlei indiscrete vragen.

Ik ga op weg met mijn kind. Ik weet niet waar, maar God die met één slag mijn grootste geluk stuk sloeg, zal mij de weg tonen zodat Zijn Wil kan geschieden. Ik zal arm zijn, ik zal zoals andere vrouwen tijdens het werk mijn oude schort en mijn klompen weer aantrekken en ik zal met mijn moeder het hars van pijnbomen in het bos opvangen. Ik zal het onmogelijke doen om de keten van haat die ons land vernietigt, te breken. Het kind dat ik verwacht zal ik enkel leren lief te hebben. Mijn kind, geboren uit geweld, zal getuigenis afleggen van dat wat de unieke grootheid van een persoon uitmaakt, het vermogen om te vergeven.

Noten

Inleiding

1. Zie de bespreking van Guastavino's biografie in de *Standaard der Letteren*, DS, 10 december 2022, p.14.

Essay

1. De titel van dit essay 'het meisje dat Maria heette' is afkomstig van een vers uit het evangelie van Lucas (1:27)
2. In de periode dat ik sommige Maria gedichten schreef, las ik ook het werk van de Joods-Franse filosofe Simone Weil. Haar radicale beschouwingen over het 'ongeluk' (le malheur) als weg naar het goddelijke waren voor mij een leerschool om ook Maria's weg beter te begrijpen. (Zie Weil, 2020)
3. De katholieke traditie heeft omwille van de maagdelijkheid van Maria geprobeerd neven en nichten te maken van die zonen en dochters. Het argument was dat het oude Hebreeuwse woord *ach* zowel broer als neef betekent. Het Grieks is echter minder dubbelzinnig en maakt duidelijk onderscheid tussen broer (*adelfos*) en neef (*anepsios*). De Griekse vertaling van de Bijbel spreekt over de broers (*adelfoi*) van Jezus. De nieuwe Willibrordvertaling spreekt nu ook over de broers en zussen van Jezus.
4. In zijn inspirerend boekje over Maria vermeldt de bekende bevrijdingstheoloog Leonardo Boff niet eens de naam van Jozef. (Boff, 1983)

Van dezelfde auteur

Dichtbundels

Onder ons. De Ruischaard nv, Oud Heverlee (eigen beheer), 2011.

Regenboog na diep verdriet: rouwen om een geliefde. Halewijn, Antwerpen, 2020.

De Schaduw van de kerselaar: gedichten over sterven en verrijzen. Halewijn, Antwerpen, 2021.

Boeken

Kies voor Hoop: hoe spiritualiteit de economie kan veranderen. Garant, Antwerpen, 2017.

Ecopersonalisme: een perspectief. Halewijn, Antwerpen, 2021. Engelse vertaling: *The Ecological Person: Disclosing Nature as Thou.* Yunus Publishing, Bolderberg, 2023.

Maria
Een bewogen leven

Luk Bouckaert

Versie 1.0

*

Coverafbeelding:
Een aquarel van Miriam Bouckaert

*

Een uitgave van
Yunus Publishing
Bolderberg, 2023

Hard cover
ISBN: 978-94-926-8924-5
D/2023/12.808/2

Soft cover
ISBN: 978-94-926-8926-9
D/2023/12.808/3

Ebook
ISBN: 978-94-926-8925-2

NUR: 714

*